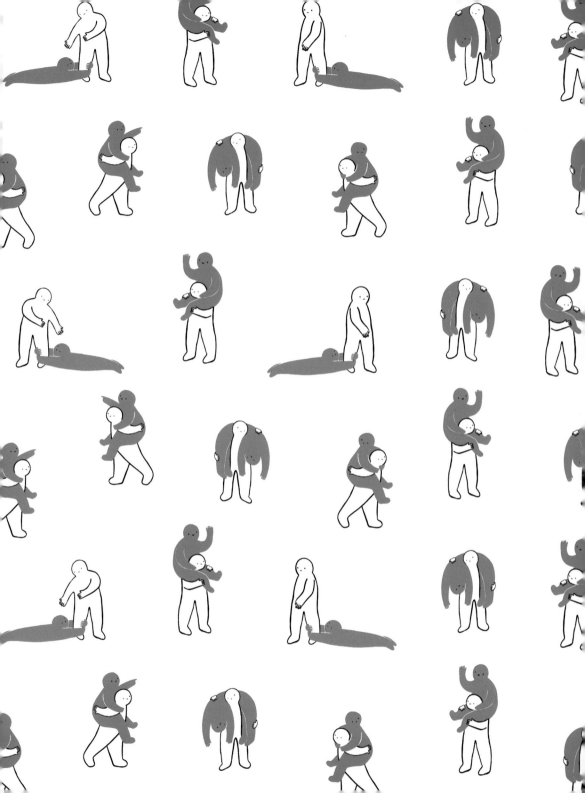

這本書獻給你

就算內心小劇場爆發也沒關係，
希望你感覺好一點

THIS BOOK IS FOR YOU

(I HOPE YOU FIND IT MILDLY UPLIFTING)

WORRY LINES ——著

蕭季瑄 ——譯

CONTENTS

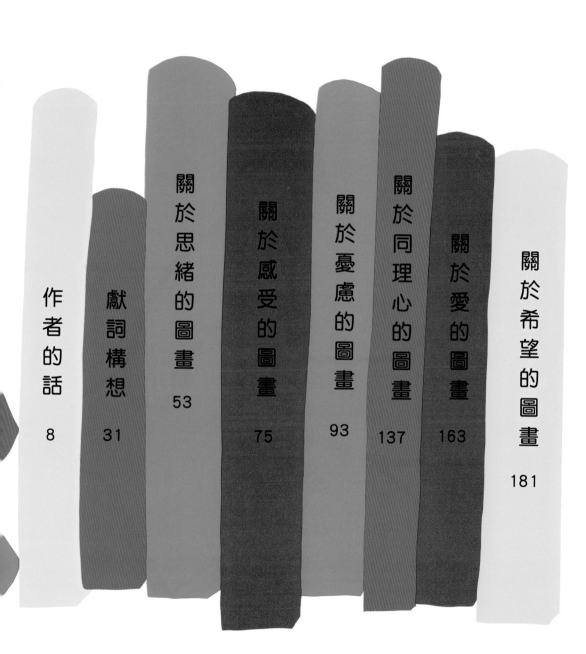

這是我

這是希望

這是憂憂

這本書獻給你

作者的話

　　當 Ten Speed Press 出版社的好夥伴們同意出版這本書：一個以滿懷希望的故事為框架，去呈現我最受歡迎的關於思緒、感受、憂慮、同理心的繪畫時，我很惶恐。我一直很想創作一部長篇作品，而這似乎是個完美的機會，讓我去做一些網路上沒有的東西，一些出版成書才有意義的東西。我等不及要繼續畫下去了。

　　然而，就在我準備傳達這份興奮之情時，另一種熟悉的情緒擊垮了我：憂慮。

　　我一生都與憂慮共處，它既是時常出現在我左右的同伴，也是導致創意完全匱乏的根源。我知道，若我現在任由自己憂慮這本書的事情，這本書便不會成形。我也知道，如果我放任不管，整部作品很快就會被憂慮主宰，到時候不只是這本書將面臨極大風險，就連我自己的心理健康也將岌岌可危。

　　於是，我人生中第一次決定，不讓焦慮主導這個對我來說相當重要的計畫。我本身的焦慮阻礙了這本關於焦慮的書籍，這樣諷刺的事實依然伴隨著我（或我的諮商師），因此我決定製作這本書的期間，不讓憂慮這個情緒參與其中。

　　現在，老實說，要將這項決定付諸行動無疑是個挑戰。我成功了嗎？這個嘛……讀者們，讓我們接著看下去吧。

——WORRY LINES

?

哈哈，那個一定會很棒！

謝了，希望！

我來囉！

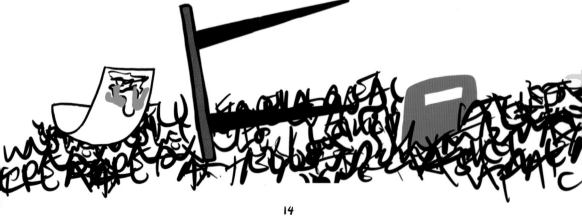

這真是一場災難，憂憂。
如果希望消失了，
我就沒辦法完成這本書了。

嗚呼！
巧克力脆片！

我正在做一本
我的圖畫書。
我找到出版社了，
你無法阻止我的。
拜託千萬別失控。

等等——
書？什麼書？

別

叫

我

不 要 失 控！

19

嘆氣
我來猜猜：
你要說「這是一場災難！」

這是一場災難！

怎麼會是災難？
這是個很棒的機會！

機會完全就是
滋生失望的溫床！

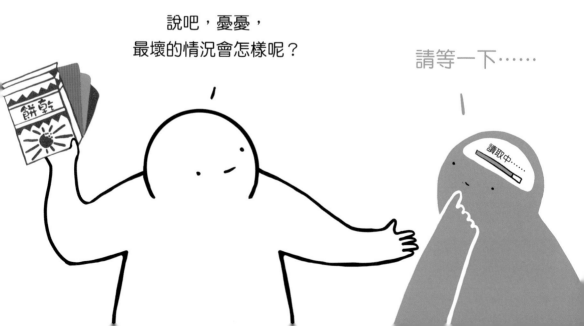

被當眾羞辱？

不得不跟計程車
司機聊幾句？

澈底的生態崩潰？

和諮商師一起
被困在電梯裡？

發現自己不是
自以為的樣子？

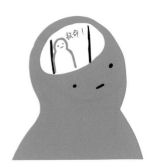

沒有和諮商師一起
被困在電梯裡？

在重要場合發現
菜渣卡在牙縫裡？

被一條噴火龍烤熟？

上全國電視節目
被小孩嘲笑？

恐怖起司刨絲器
意外？

被犀牛踩扁？

超想尿尿時
塞在車陣裡？

完全想不起密碼？

在蘋果裡發現
半隻蟲？

對馬鈴薯過敏？

被不是親阿嬤的
阿嬤責備？

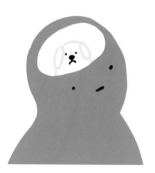

讓拉不拉多犬失望？

手指變香腸？

我是說，我的書會面臨
什麼最壞的情況？

這個嘛，你應該問得
更、更、更具體一點才對。

你連手都不會畫！

我真的聽不懂
你在說什麼！

24

你是冒牌貨。

啊哈！你怎麼知道
我不是在假扮成冒牌貨？

你的想法都不怎麼樣！

但我以數量來彌補
品質上的不足！

25

看！我的素描本！

哇塞，你腦袋比我想的還要歪耶！

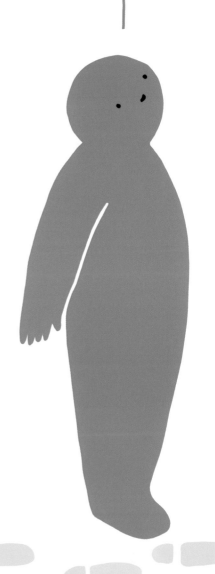

書　本　這　拿著　方向　的　相反

用　正在　你　這個　讀懂　可以　你　如果

喜樂　漠然　舞孃　自我嫌惡　恐龍　父權社會　失望

失敗　想太多　小狗狗　學習　毒型積極　贗詞　牙痛

治療　神木　時間　蜜蜂　恐懼　堆肥的快樂　擁抱

蛋糕　過勞　內省　回憶　曬傷　自私　馬鈴薯　彈性

音樂　三明治　成長　沉痛　外在空間　網路　南瓜

形狀搞笑的靈　焦慮　靈感　跌倒　蹦蹦床　甜蜜的解脫　黑暗　香腸

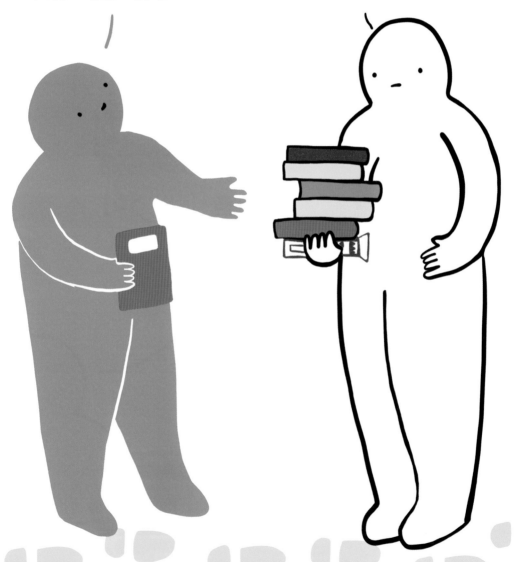

我的意思是，別誤會……
但你其實不覺得有人會想要
讀你的書，對吧？

嗯，希望說——

希望是個不良影響。

現在，來看看這些吧。

獻詞構想

勇敢的憂愁者

這本書獻給你

諸多　　　　　情緒

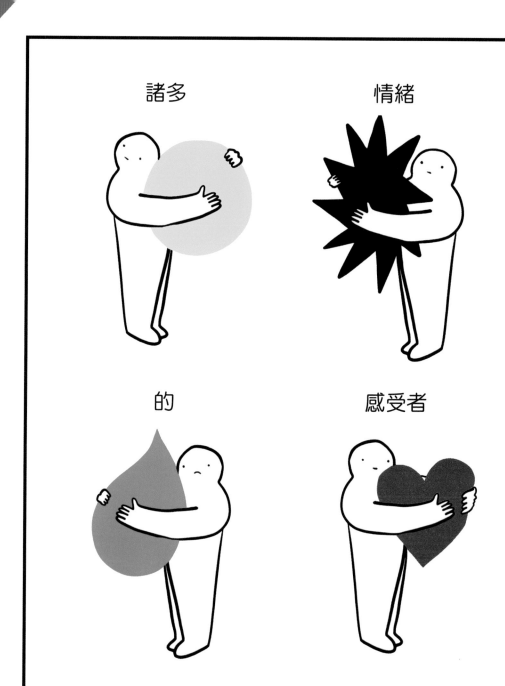

的　　　　　感受者

這本書獻給你

會看書的人

這本書獻給你

那些　　　　　閱讀時　　　　　陷入

內容　　　　　太深　　　　　的

讀者們

這本書獻給你

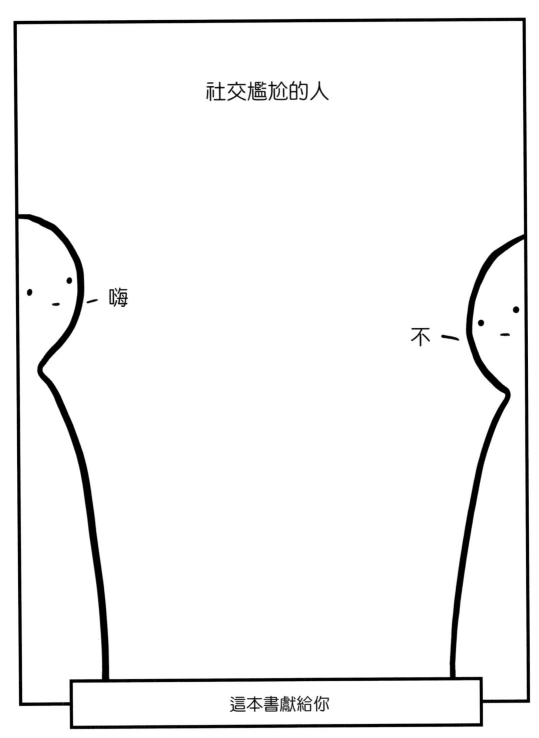

心情沉重的人

這本書獻給你

頭腦輕飄飄的人

這本書獻給你

買書，但從未閱讀的人

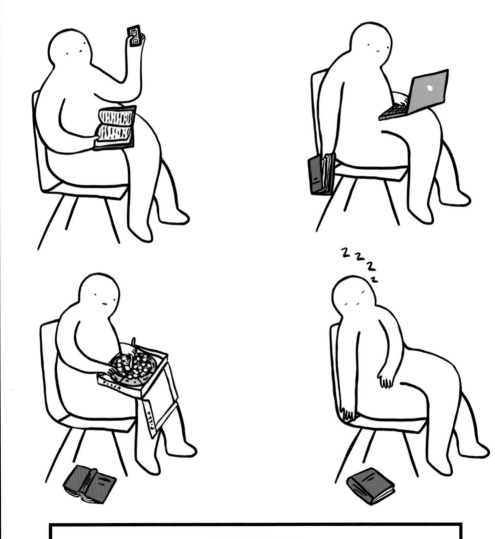

這本書獻給你

讀書，但從未買書的人

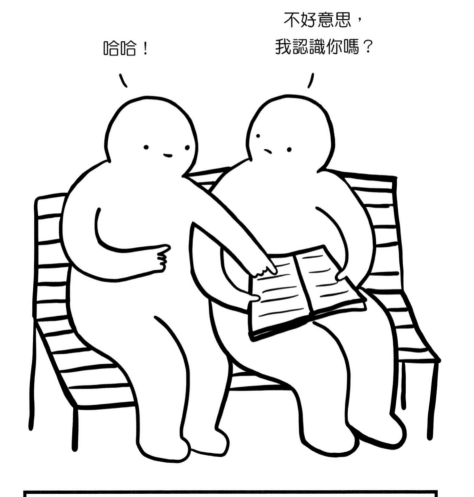

這本書獻給你

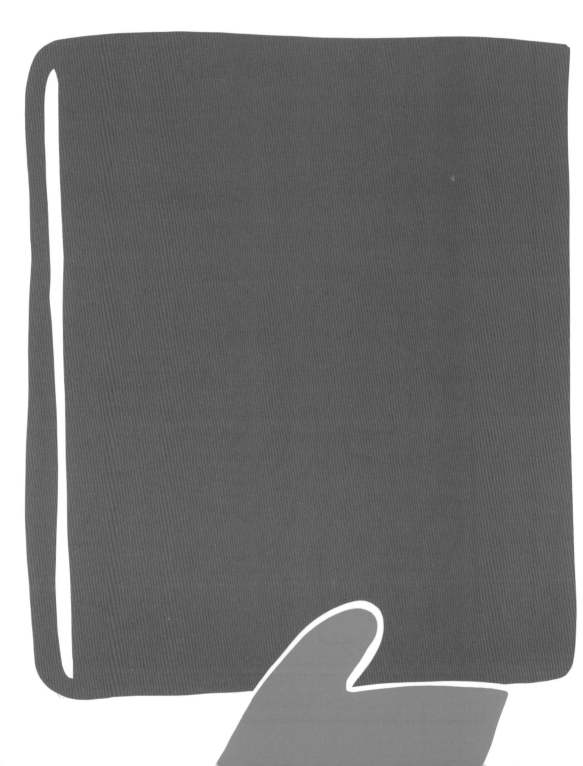

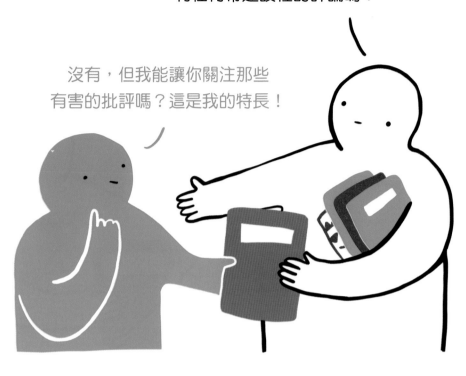

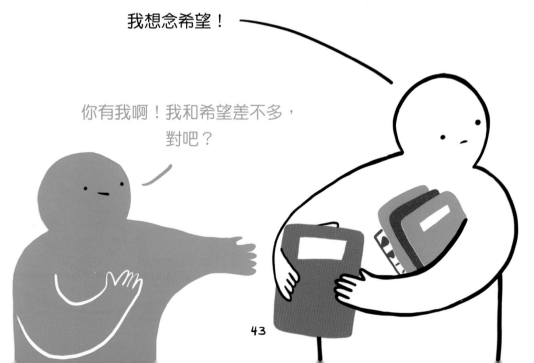

43

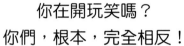
你在開玩笑嗎？
你們，根本，完全相反！

希望和我都想給你
最好的。

我只是不想要
你受到傷害。
希望害你失望
好幾次了。

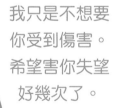

44

而且寫書不容易，就算是絕頂
聰明的人也不容易辦到，想像
一下對你來說會有多困難！

想聽我的建議嗎？

沒有很想。

「沒有嘗試、沒有失敗。」

這是我聽過最令人沮喪的建議。
走開，憂憂。
我要去找希望，寫出我的書。

是嗎？那麼你得
先過我這關！

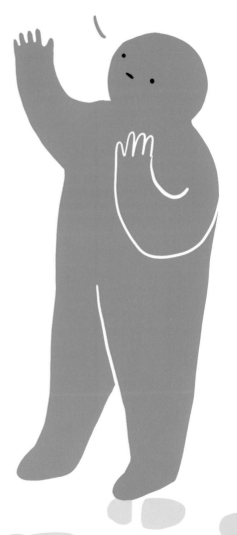

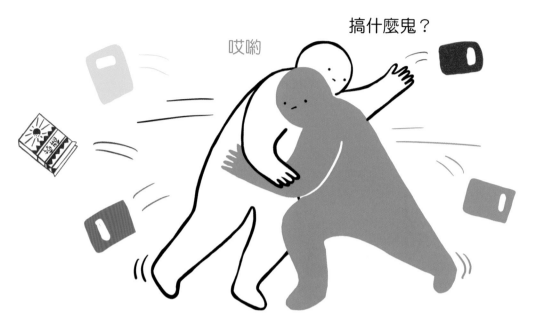

49

起來，憂憂。
我討厭和自己的情緒搏鬥。

呃，沒關係。
但我不會讓你獨自
去找希望的。

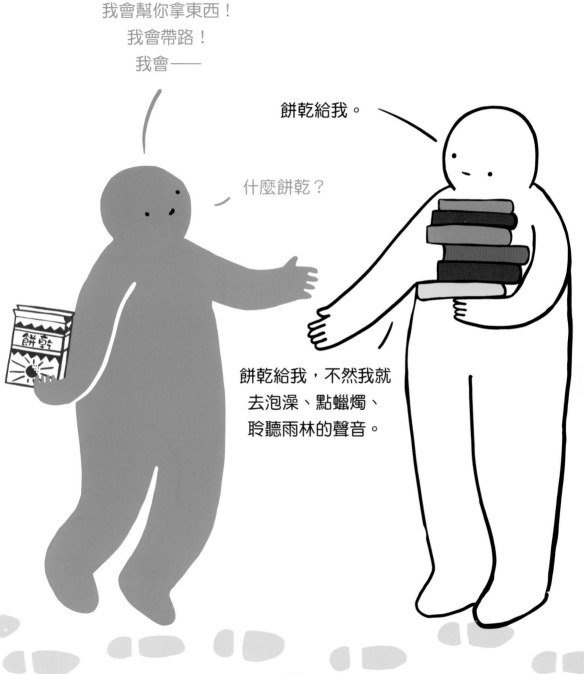

*嘆氣*好吧。我會給你餅乾，
但是我有兩個條件：
一、我跟你一起去找希望。

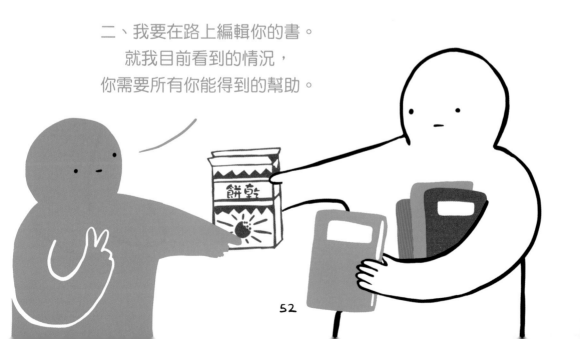

二、我要在路上編輯你的書。
就我目前看到的情況，
你需要所有你能得到的幫助。

關於思緒的圖畫

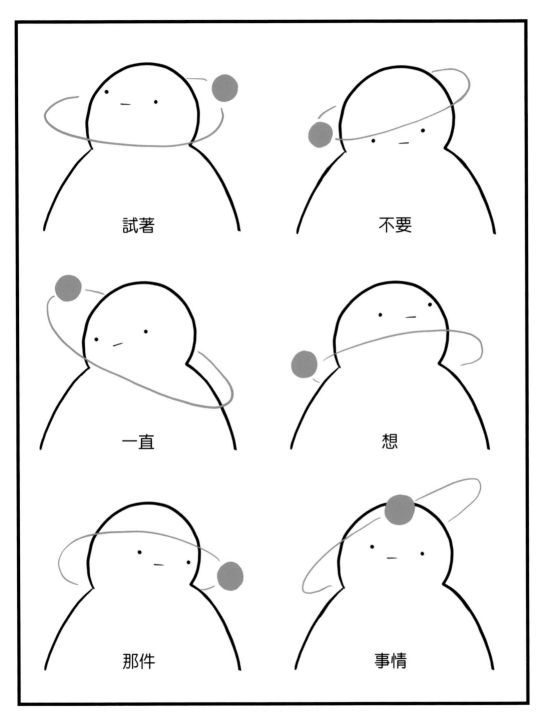

試著

不要

一直

想

那件

事情

通常都會失敗。

試著逃離自己腦袋的我

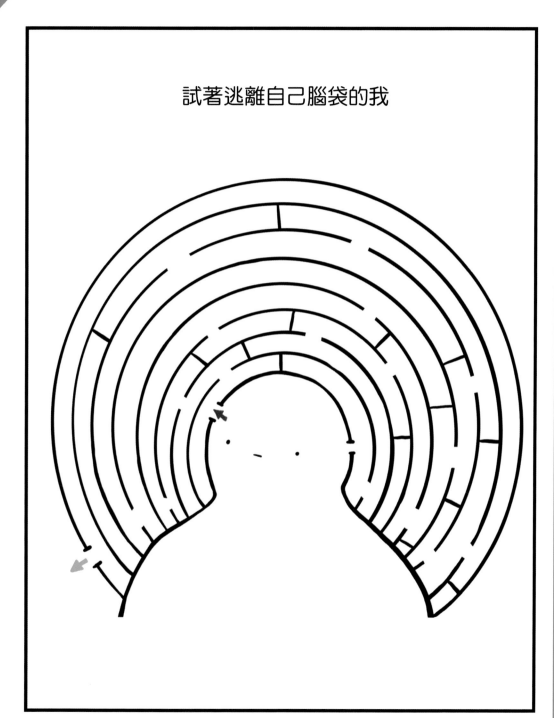

在家裡徒勞。

思緒

關於思緒的思緒

關於思緒的感受

關於感受的思緒

關於感受的感受

感受

處理中。

我的腦袋裡有一個屬於
它自己的腦袋

一個又一個。

今日不宜
負面想法

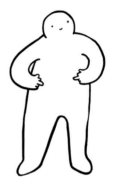

今日不宜
自我懷疑

今日不宜
逃避真正的責任
轉而在家裡做些微小無意義的事情
只為了讓自己忽視生活一團糟的事實

今日不宜。

有時候

其他時候

有時候

其他時候

有時候

其他時候

有時候

其他時候

有時候

心理健康。

你正在收聽的是DJ潛意識的FM內心獨白……

道出你所有的想法，一天二十四小時不間斷不停歇。

從最經典的「我為什麼那樣說？」到風靡一時的「我是個糟糕的人嗎？」

再到今日最熱門的「我的人生到底是怎麼回事？」以及「我是餓了還是無聊？」

拭目以待。

靜不下來。

又來了。

祕方。

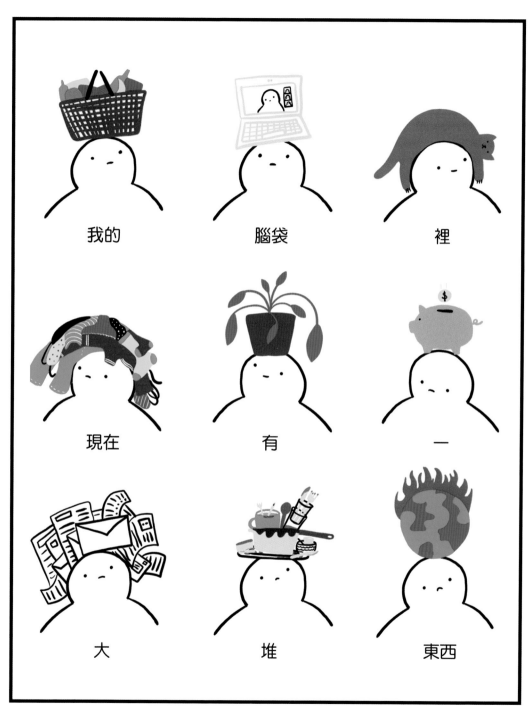

我的　　　　　腦袋　　　　　裡

現在　　　　　有　　　　　一

大　　　　　堆　　　　　東西

心理負擔。

試著把黑暗的想法擠出腦袋

沮喪醬汁。

腦袋需要更多空間。

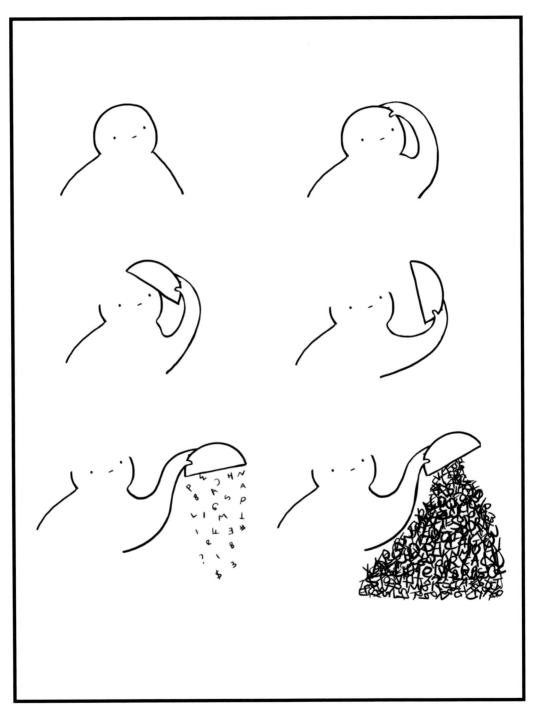

心煩意亂。

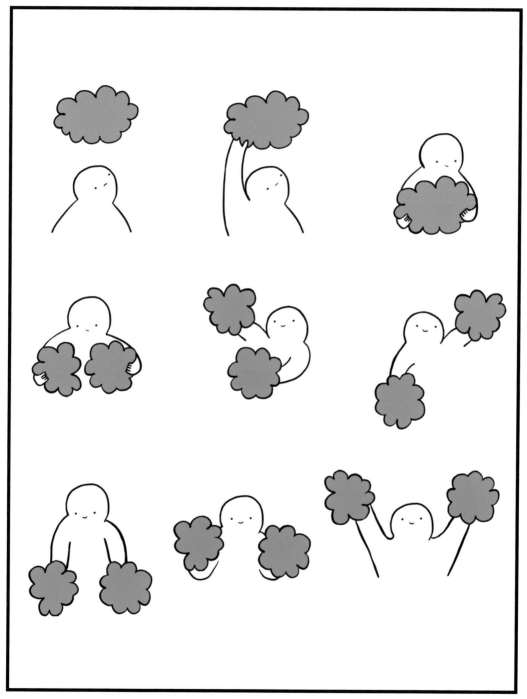

自我鼓勵。

思緒學校。

試著抱緊那個思緒

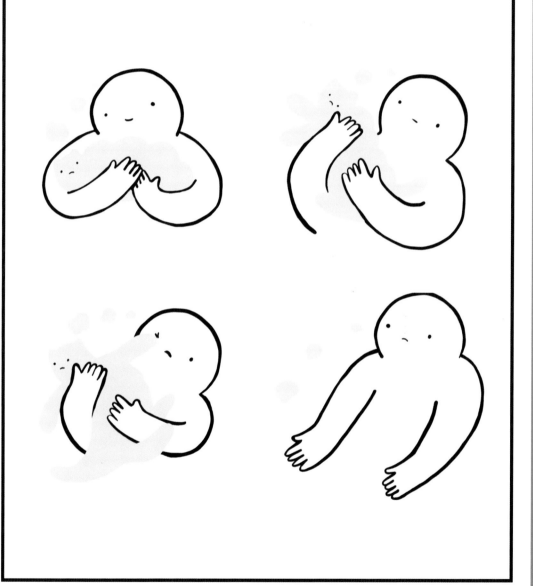

思緒不喜歡被緊緊抱住。

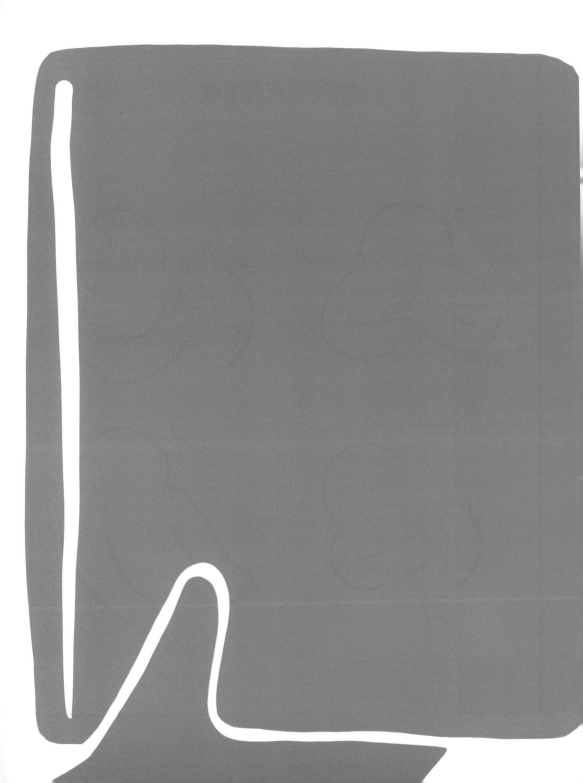

好！完成了！
謝謝你揹我——
原來邊走路邊看書真的很難。

哼

其中一些草圖可以用作初稿——
我想你要出版，應該有跟專業的
插畫家合作吧？

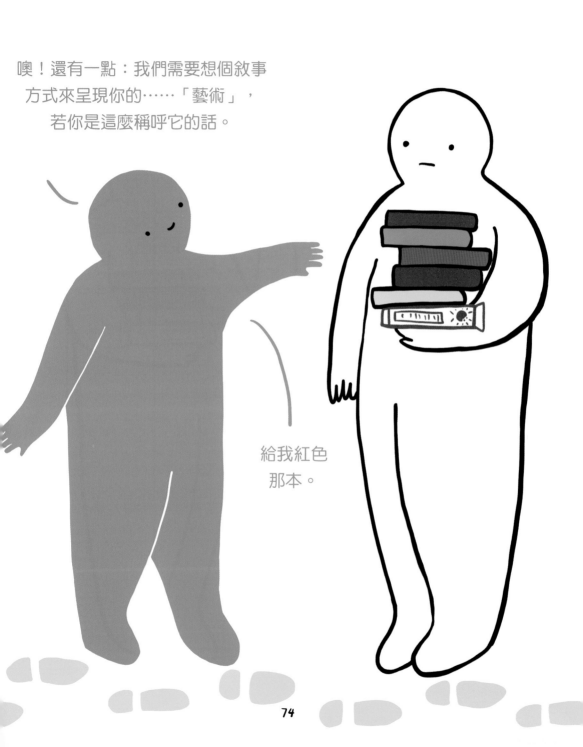

噢！還有一點：我們需要想個敘事
　方式來呈現你的⋯⋯「藝術」，
　　若你是這麼稱呼它的話。

給我紅色
那本。

關於感受的繪畫
. .

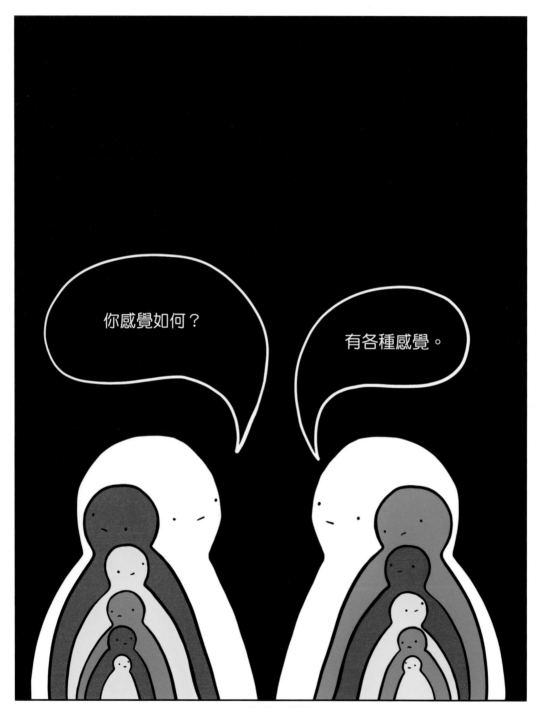

而且經常這樣。

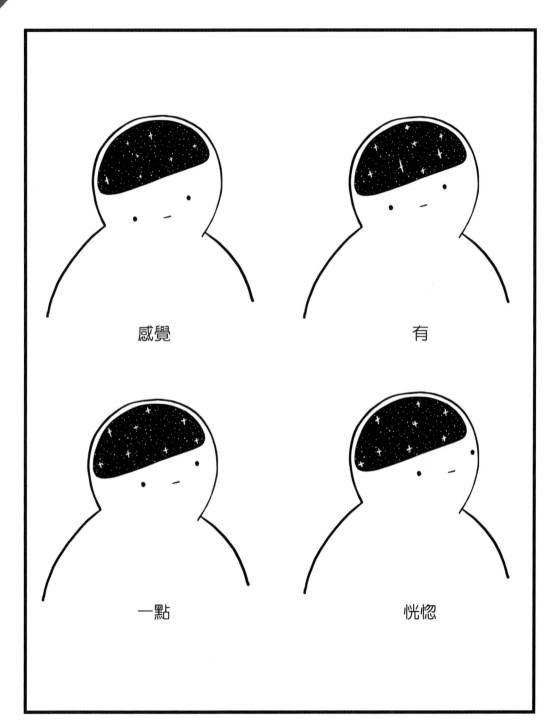

感覺　　　　　　　有

一點　　　　　　　恍惚

有麻煩了。

感受A

感受B

感受C

全部混在一起了

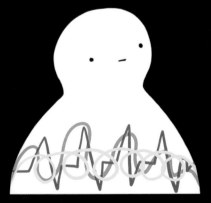

合成物。

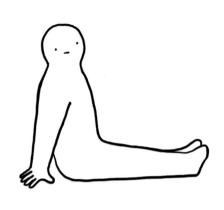

起床

穿衣

備感壓力

鬱鬱寡歡

#獲得祝福

表達自己很快樂的方式

徜徉在月球

漫步在雲端

站上世界之巔

我有滿滿的馬鈴薯，
準備好昂首闊步了

我捏造了其中一個。

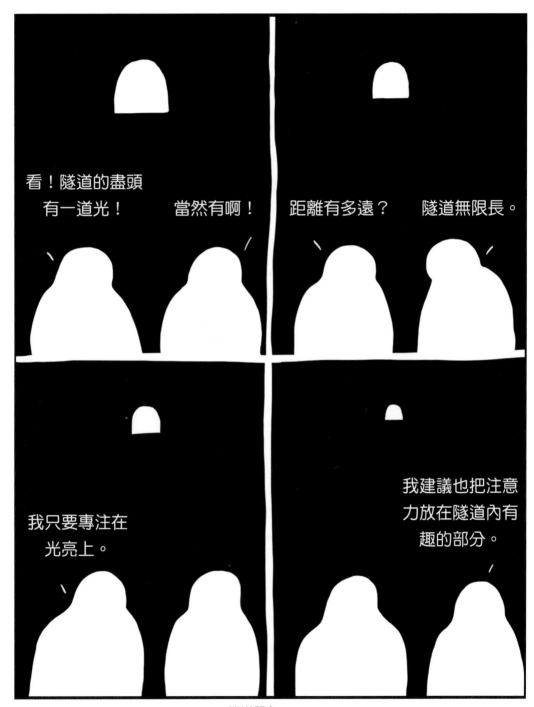

隧道視角。

最誠摯的問候

誠摯的問候

問候

期待您的回音。

思考大的思緒

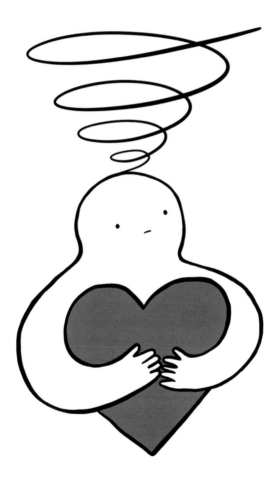

體會大的感受

要嘛做大，要嘛回家。

現實生活的寫照。

被待辦清單
逼得精疲力盡？

找出最重要的
那一個，

將它分解成
好幾小塊，

就變成容易
忽略的任務了。

超有用的技巧。

憂憂，我不能一直這樣扛著你。

尔當然可以！
對自己有點
信心嘛！

＊嘆氣＊
是說我們在哪？
我們完全失去希
望的蹤跡了⋯⋯
你不是在帶路嗎？

噢對呀，
我看看⋯⋯

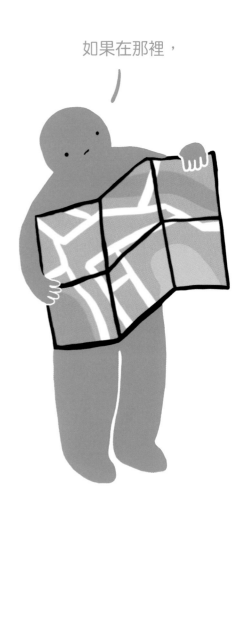

如果在那裡，

那就這樣走，

然後我們
肯定會……

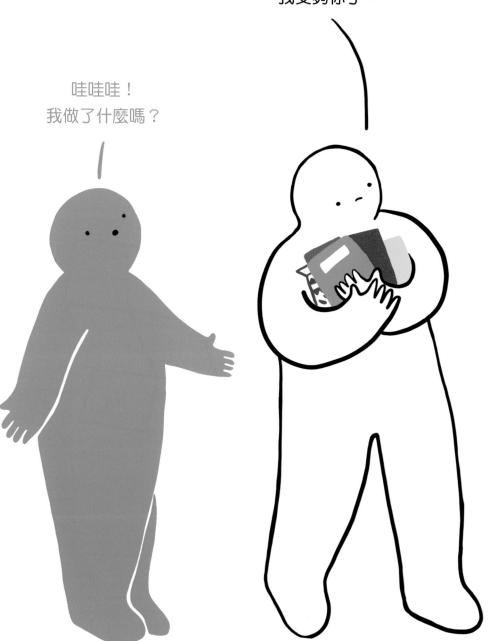

我需要一些
「自己的時間」。

你說的是
和我在一起的時間，對吧？

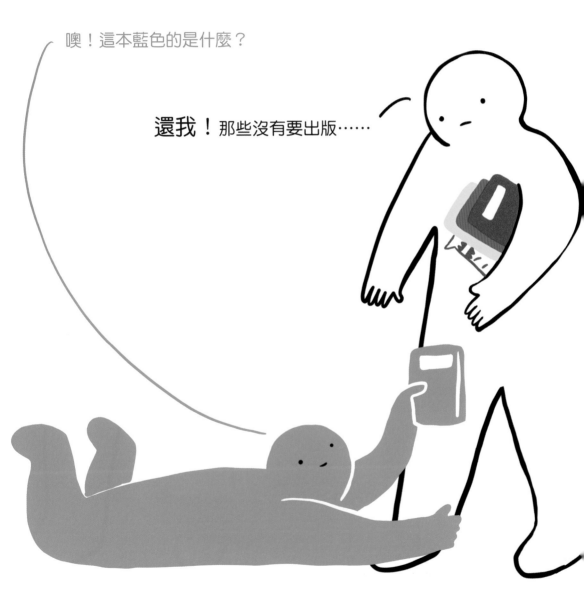

噢！這本藍色的是什麼？

還我！那些沒有要出版……

這些是關於……我的？

關於憂慮的繪畫
. .

得獎的是……

我那嚴重的焦慮！

謝謝大家，謝謝大家

我要感謝咖啡因、新聞、
財務壓力，以及我的父母。

得獎感言。

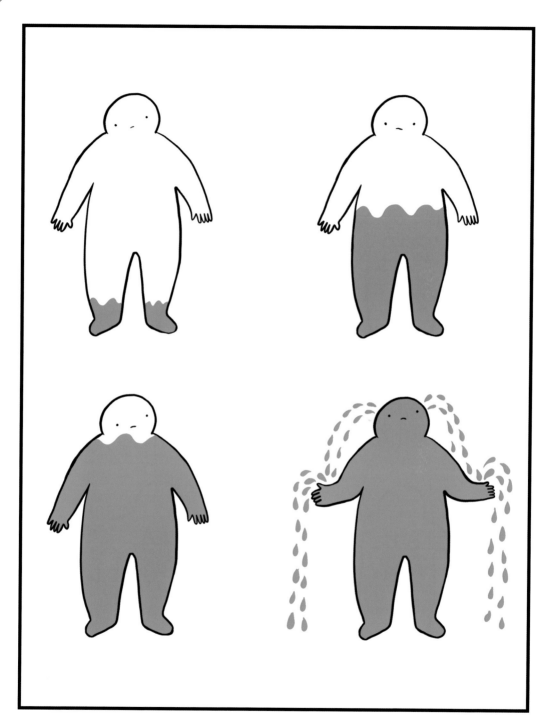

淚水氾濫。

噢，不，別又是你。
你想要什麼？

我已經給你食物、水、運動、治療、藥物、泡兩次澡、睡了兩次午覺……

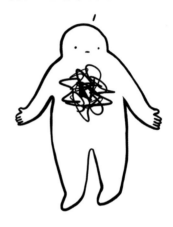

你還想從我這得到什麼？

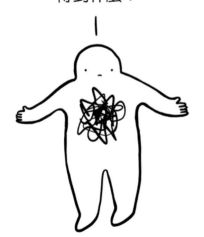

不行。我們不能裝死然後逃去荒野展開新生活並且遠離社會壓力。

盡我們所能。

緩緩上升。

越過焦慮的巔峰

爬出絕望的深淵

穿越懷疑的迷霧

早餐時間到了！

早安！

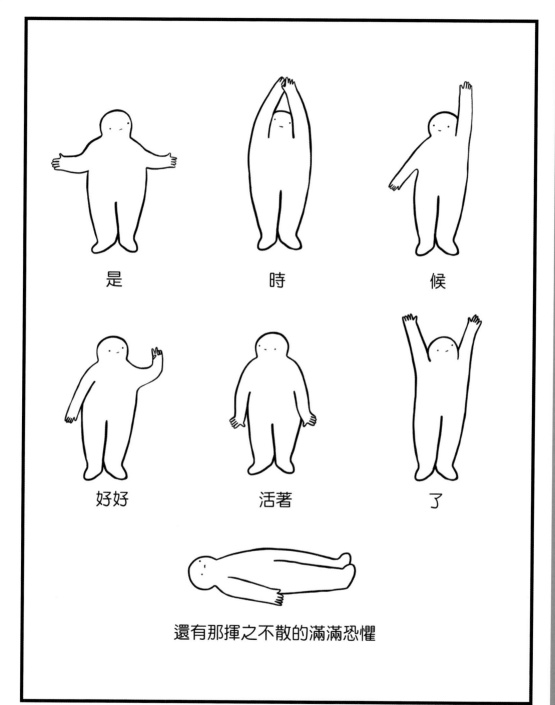

是　　　時　　　候

好好　　　活著　　　了

還有那揮之不散的滿滿恐懼

活在當下。

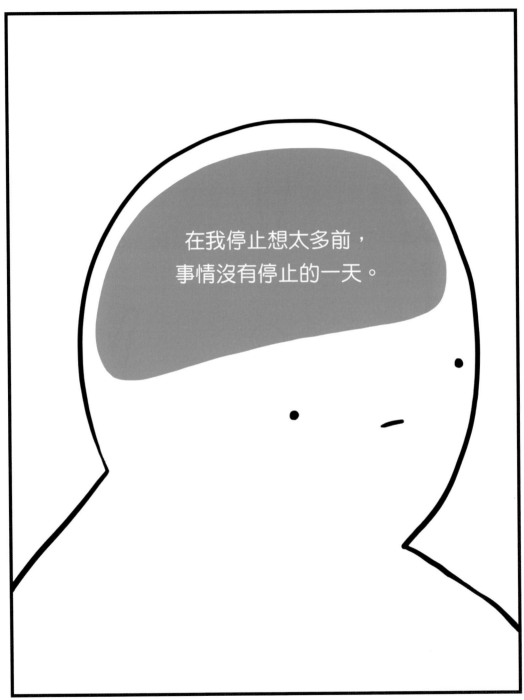

想太多。

擁抱不確定。

焦慮把大腦當成懶骨頭

掙扎著重新爬起來。

試著填補空虛

完美吻合。

生存的四種反應。

茫然無措。

我說了——快。還。給。我！

我的天哪！
你迷上我了！
你簡直深深愛上我了！

閉嘴！
我才沒有！

聽我說！
我才沒有愛上你，
我很努力要擺脫你。

是這樣的，我非常受寵若驚，
但老實說，你不是我的菜——
你太——該怎麼說——？
太焦慮了？

（這頁故意留白，為了表達一種震驚又尷尬的沉默。）

哇。好啊。真冷淡。
你知道嗎？我放棄了。
祝你好運，能在沒有我的情況下
存活五分鐘。

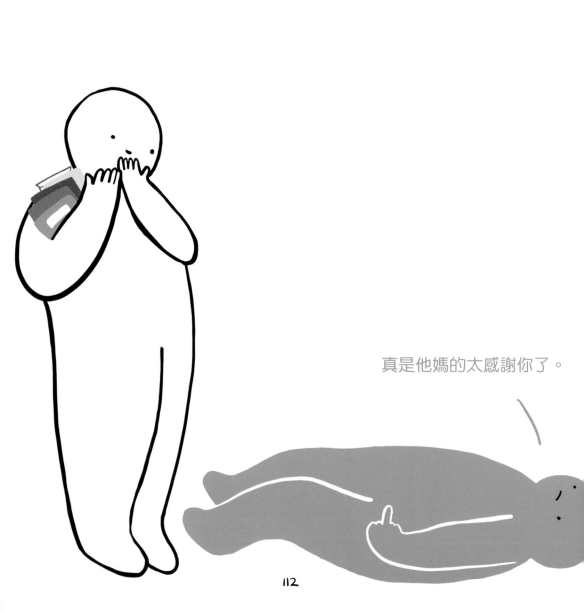

真是他媽的太感謝你了。

我絆到什麼了？

呃，不知道……
我們走吧……

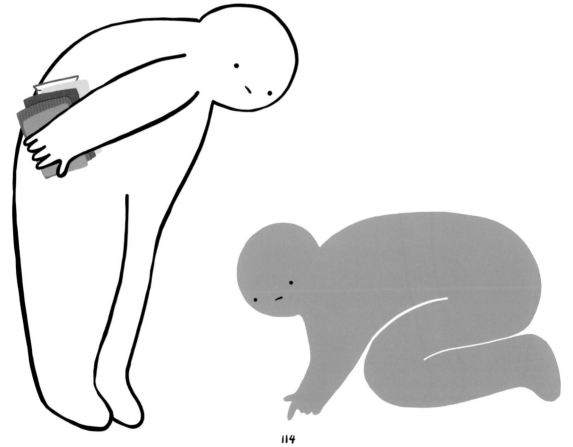

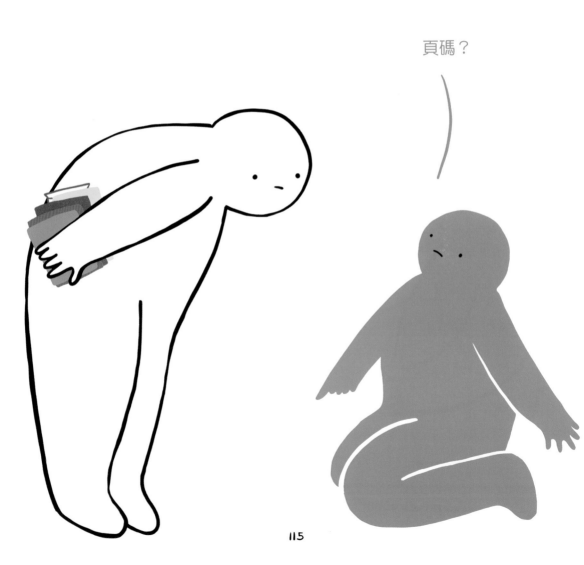

頁碼？

憂憂，我有事情告訴你，
但你得保證不會抓狂。

抓狂？我？

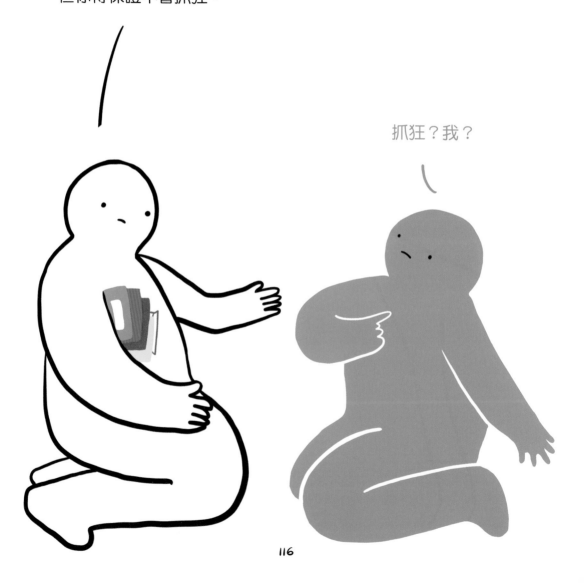

我只是不想
讓你擔心……

我發誓，如果再有一個人叫我
不要擔心，我可能會焦慮症發作。

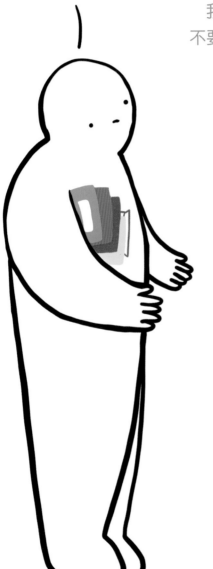

好。是這樣的：你和我都
在一本書裡——我的書——
書名是《這本書獻給你》，
然後，呃，我們現在……
都是書裡的角色。

我

感覺

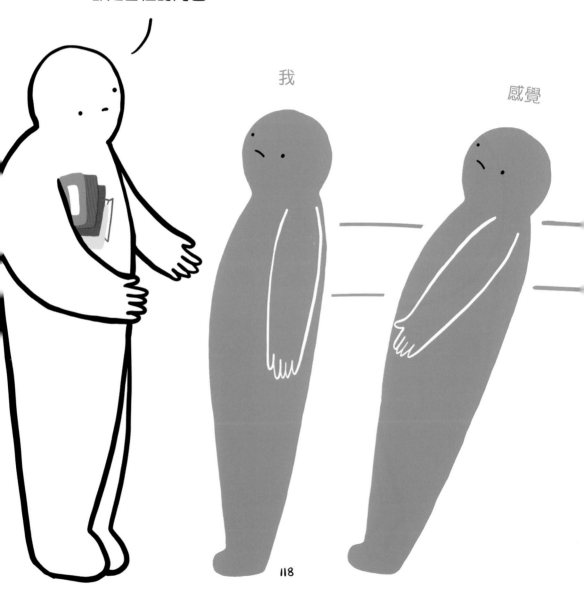

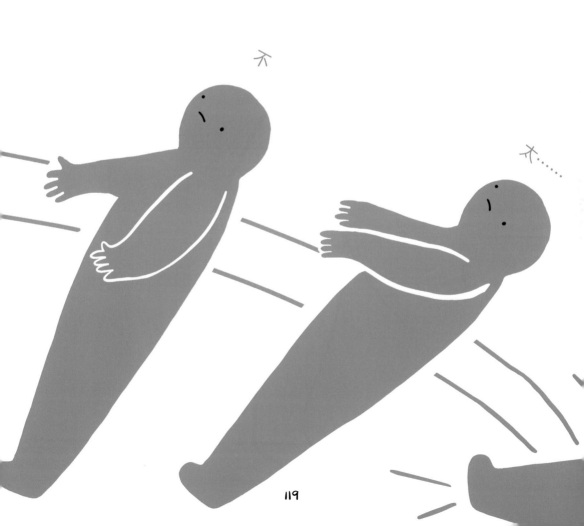

119

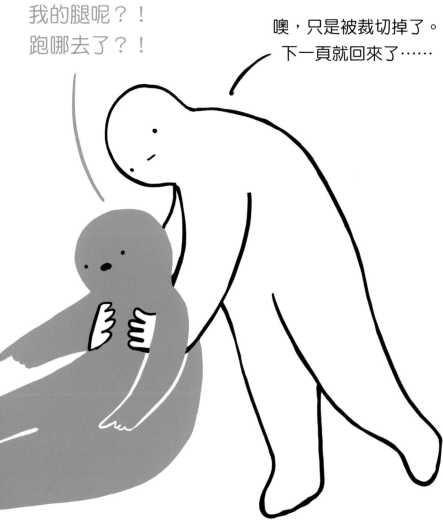

120

121

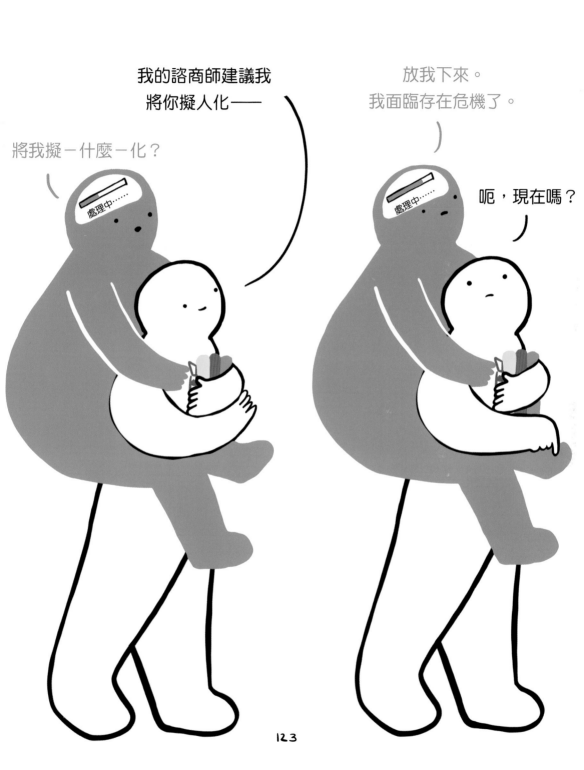

123

我以為你喜歡書！

喜歡閱讀它們！
不是被寫在裡面！

我真不敢相信
你居然還在見那個諮商師。
尤其是在我為你做了
這一切之後！

你反應過度了！

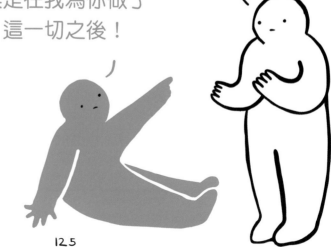

我。才。沒。有

反。應。

哇啊
　哇啊
　　哇啊！
　　　冷靜啊！

128

不要叫我冷靜！

＊嘆氣＊你不懂我們自己
意識到自身存在於書本
裡的哲學涵義！身為
一個作者，你有責
任深思這點！

這只是本圖畫書——
不需要想那麼多。

要不是你對每件事都
不上心，我何必要
想那麼多！

我喜歡我這樣
剛剛好的思緒。

我很抱歉沒有早點告訴你。儘管我很不想承認，但沒有你我就無法完成這本書。你在我故事裡占了很大一部分。我想你會很高興能有一次機會被描繪成主角。

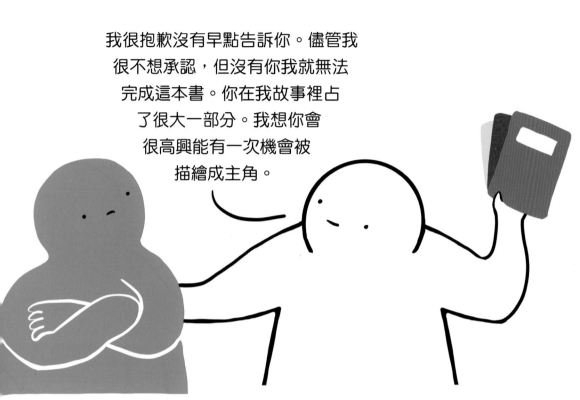

等等……我是英雄？

我不是說英雄——

我是英雄，而你是我超級煩人卻忠心的搭檔，在我幹些英雄大事時緊跟著我！

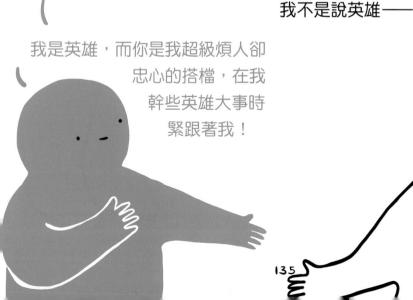

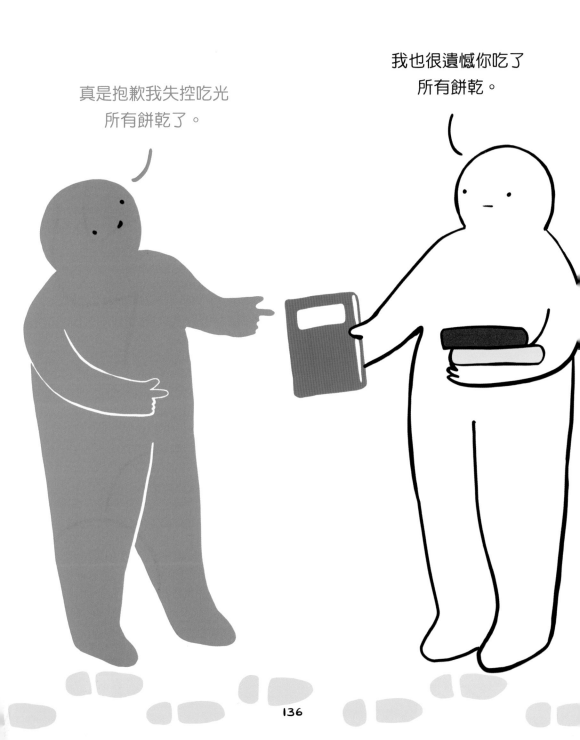

關於同理心的圖畫

• • •

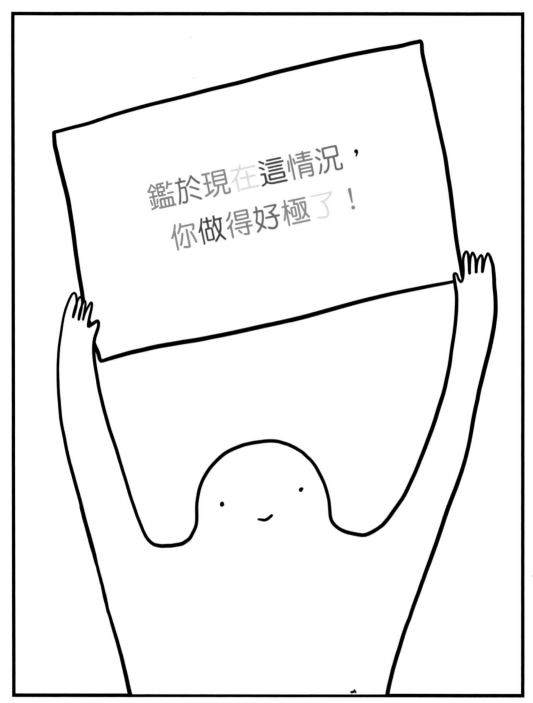

給自己的話。

生活　　　本來　　　就

是　　　有好　　　有壞

日常提醒。

139

你　　　　　沒有　　　　辦法

同時　　　　　　　做

所有　　　　　　　事情

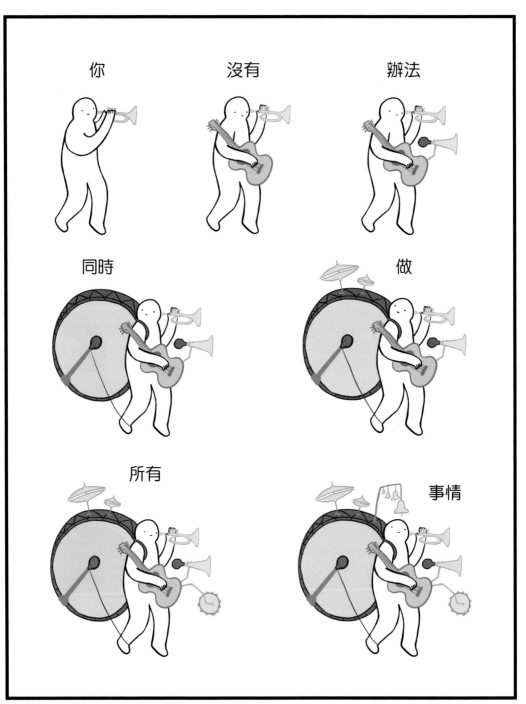

多種樂器的健康問題。

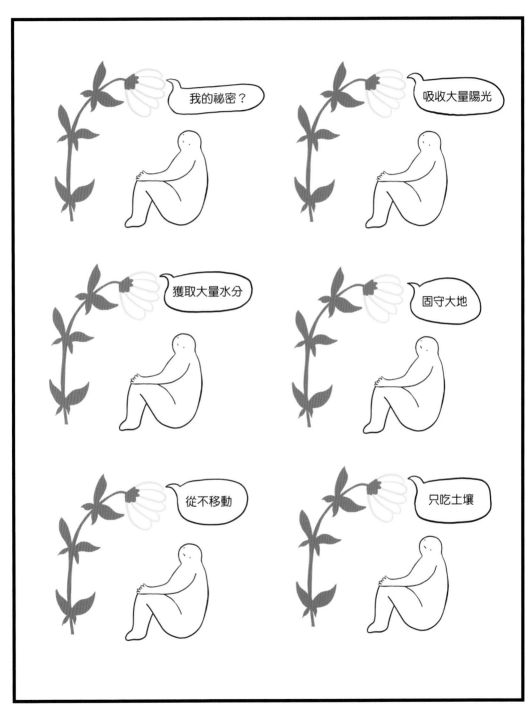

親近大自然。

改變

正是

唯一的

恆久不變

永遠的祝福。

生活，就像一隻臘腸狗，
非常長又非常短，

棒透了也滑稽至極。

再加上腰痠背痛。

善　　　　　　　待

比讚！

"拍"　"拍"

你的　　　　　　內心

擊掌

抱一個

偉大的心靈呀。

誰是好狗狗？！

我80%確定這是
個反問句……

呃。為何我需要
這樣子不斷地獲
得外在認可？
太可悲了。

我知道我是條好
狗狗。我要開始
告訴自己我是隻
好狗狗。

挖掘後院的時間到囉。

共生關係。

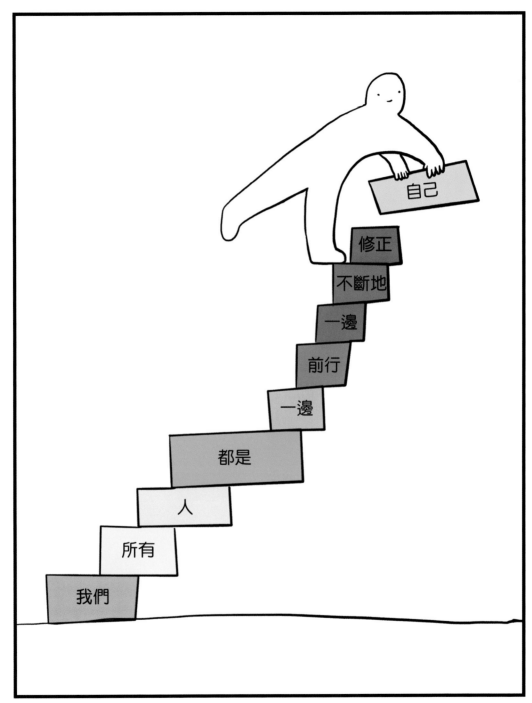

步步高升。

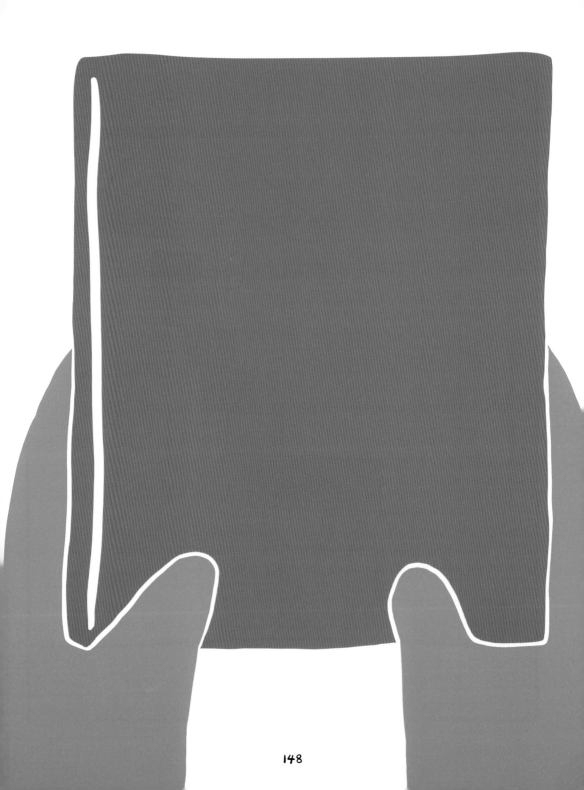

148

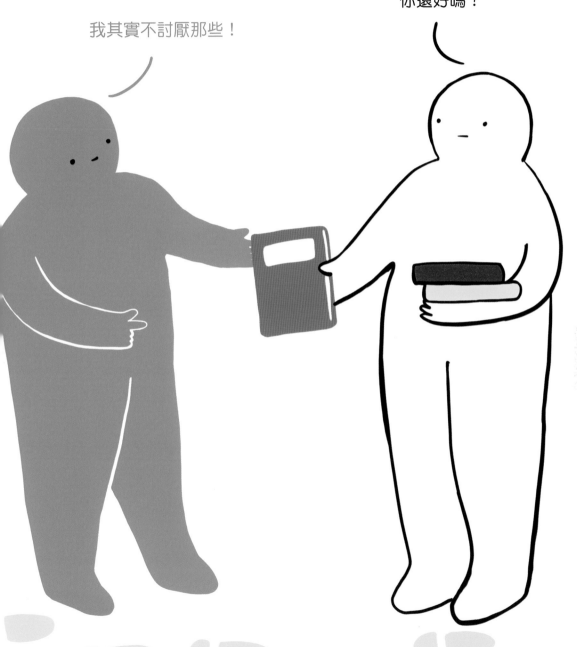

那是……

＊倒吸口氣＊

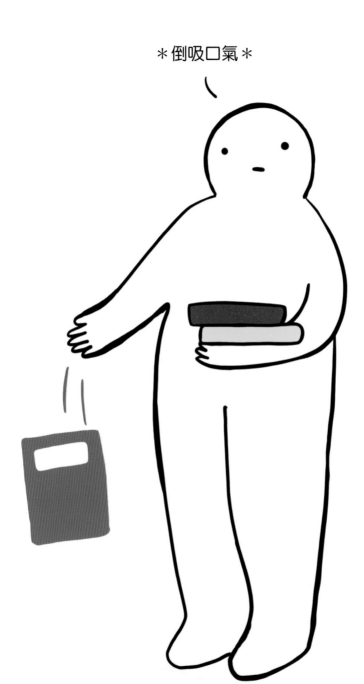

好。
別驚慌⋯⋯
只要──

抽泣？
昏倒？

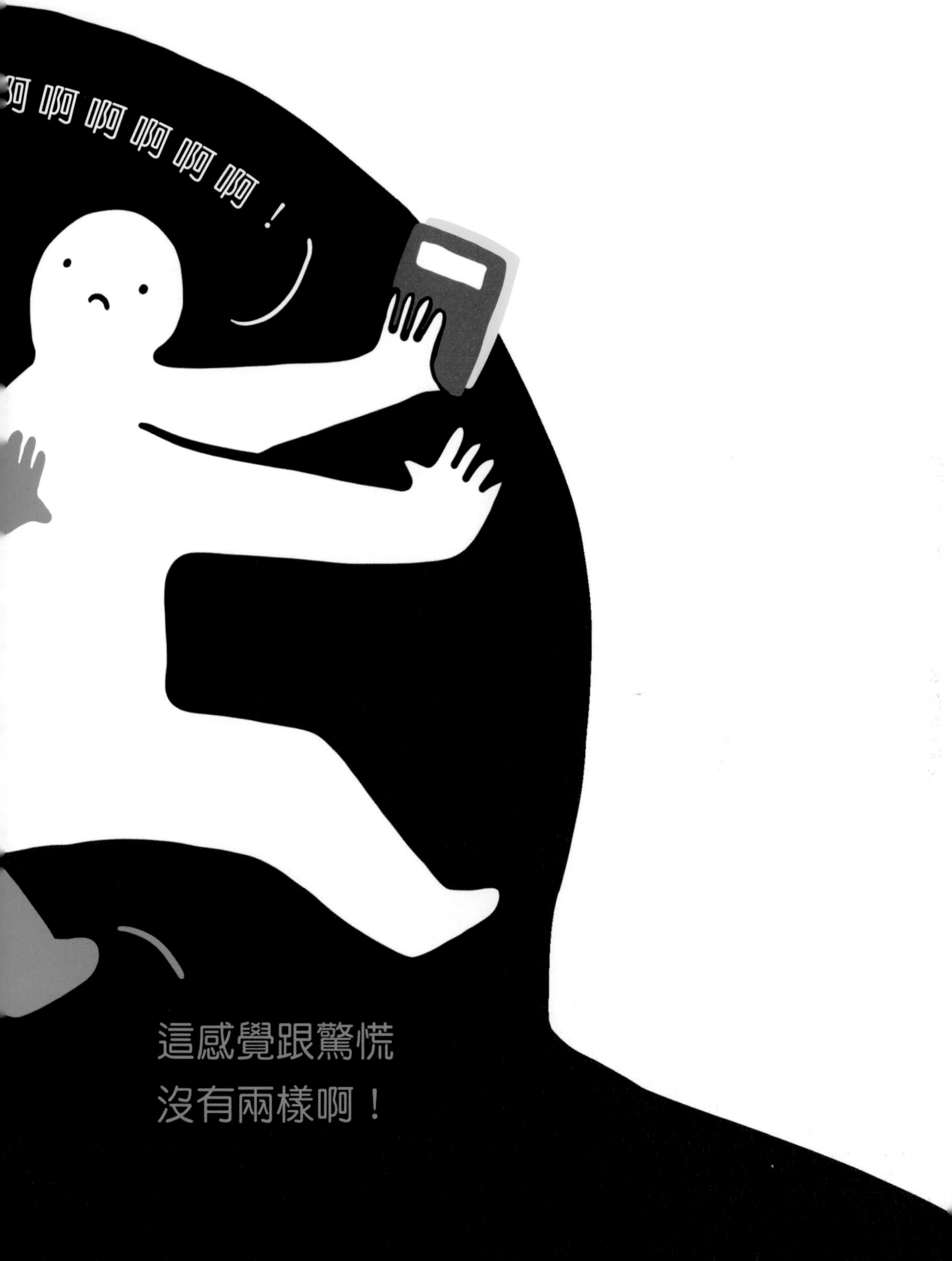
啊啊啊啊啊！
這感覺跟驚慌
沒有兩樣啊！

等等！停！我知道
那是什麼了！是讀者！

我以為他們
全都不存在！

＊悄悄話＊
讀者們看起來都很溫柔又聰明。

＊悄悄話＊要是他很溫柔，背後的逆光怎麼會這麼誇張？而且如果他很聰明，怎麼會讀你的書？

＊悄悄話＊
好，我會在背後支持你，
也就是我要躲在你背後。

＊大叫＊
你好啊，讀者！

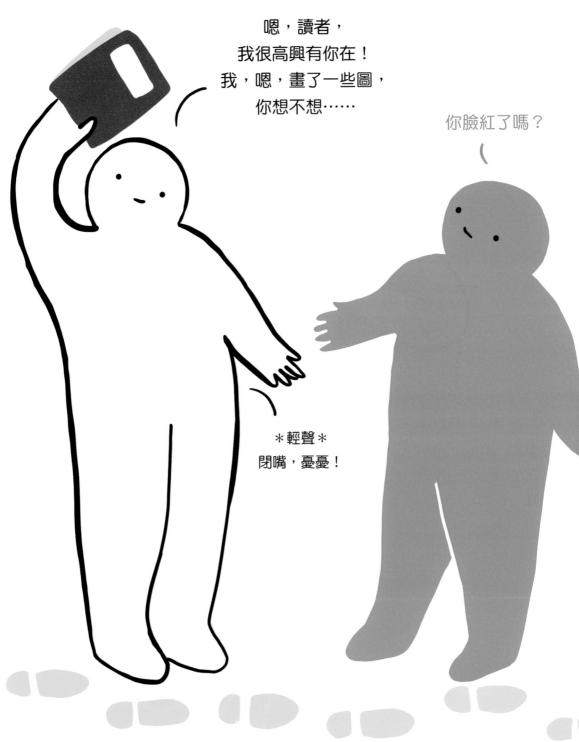

關於愛的圖畫

·

我試著愛自己

噢

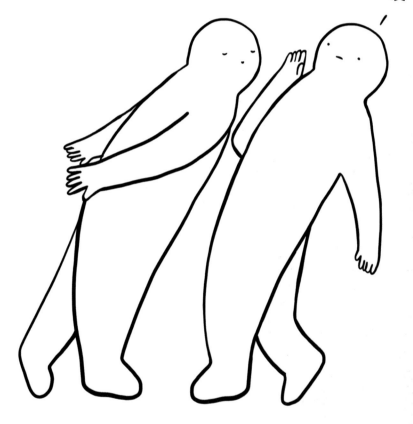

傾身。

深陷其中。

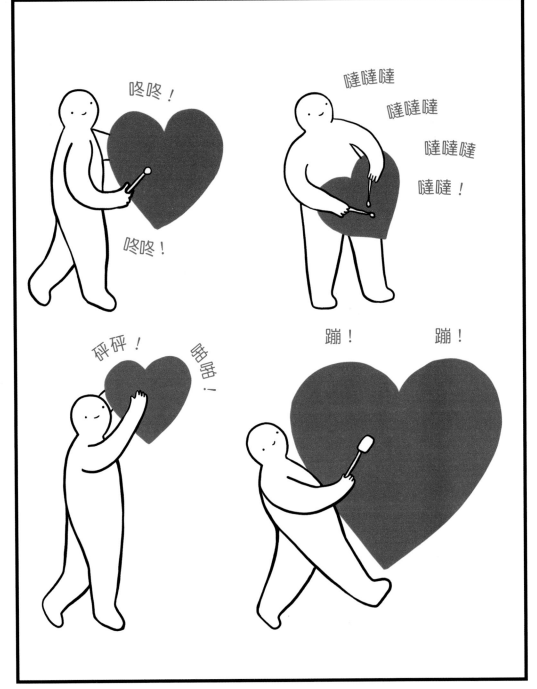

心跳。

蝸牛的步伐。

一則愛的故事。

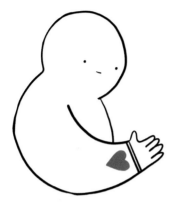

我一直都把我的心
印在袖子上

每個人都能看見的
位置

但後來我決定拿下來

在某個人試圖
偷走它之後

而且我一直不小心把它泡進湯裡。

太慢了。

愛的五種語言

我愛你，馬鈴薯

肯定的話語

看，我替你戴頂帽子

真誠的禮物

肢體接觸

看！我用牙籤
替你做了小手臂

付出的行為

啪！

寶貴的時光

我眼中只有你。

幾乎快爆炸了。

越來越親近。

內心的變化。

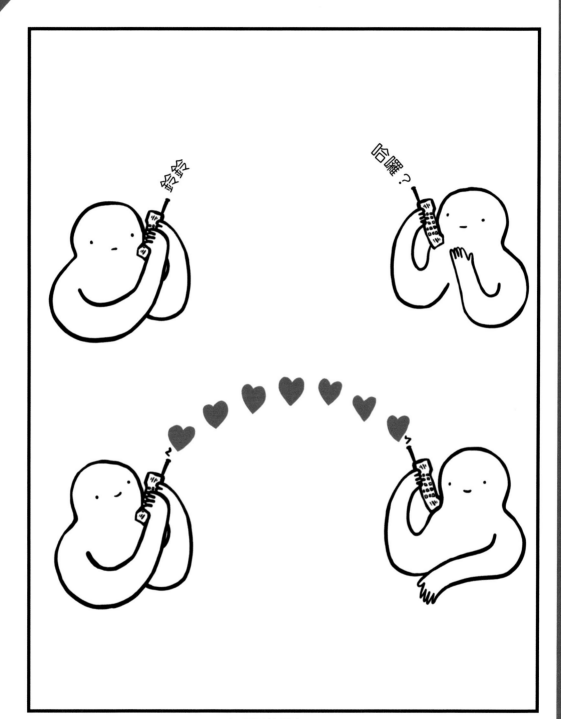

打電話給朋友。

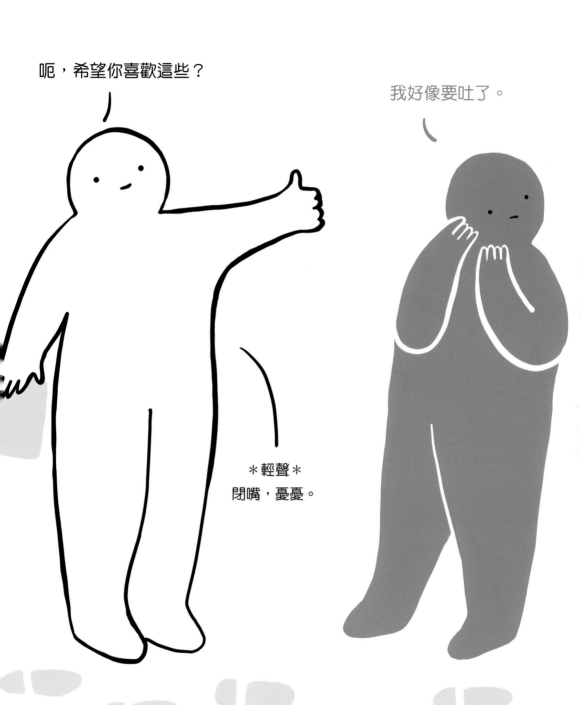

呃，憂憂？為什麼你
走路姿勢這麼奇怪？

我覺得自己正被密切觀
看──我不記得要怎麼
正常走路了。

要是他們讀到這裡了，應該
已經知道他的名字了吧？

讀者──或許你可以幫幫我們？我們正
在找一個失蹤的擬⋯⋯人⋯⋯化角色？
他叫做希望。

關於希望的圖畫
· ·

為了親愛的生活，好好撐住。

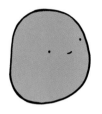

噢，謙卑的馬鈴薯

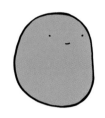

你對這殘酷的世界
一無所知

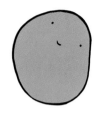

你既無希望也無恐懼

沒有野心也
沒有目標

沒有權勢也
沒有慾望

你就只是單純的澱粉，
全然的單純

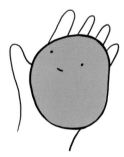

每當我對人類
存在的複雜性

感到筋疲力盡時

就算只是片刻，請讓
我在你美好的單純中
尋求慰藉。

甜美的馬鈴薯。

183

冀望最棒的，

準備好當個

最為平庸之人

準備好了，就不用時時刻刻做準備。

開花。

肯定句

我很勇敢

我是愛

我是馬鈴薯

我是成長

我是絕妙音樂

我是海風

我是高踢腿

我是希望

我是美麗的雜亂

請你跟我一起唸。

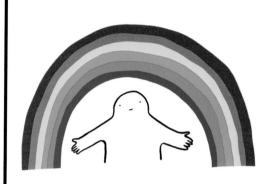

你是受歡迎的。

你是安全的。

你很重要。

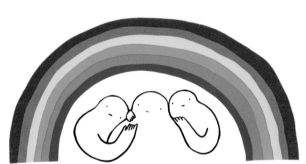

你是有歸屬的。

快樂的驕傲。

向前行。

這裡歡迎你的烏雲。

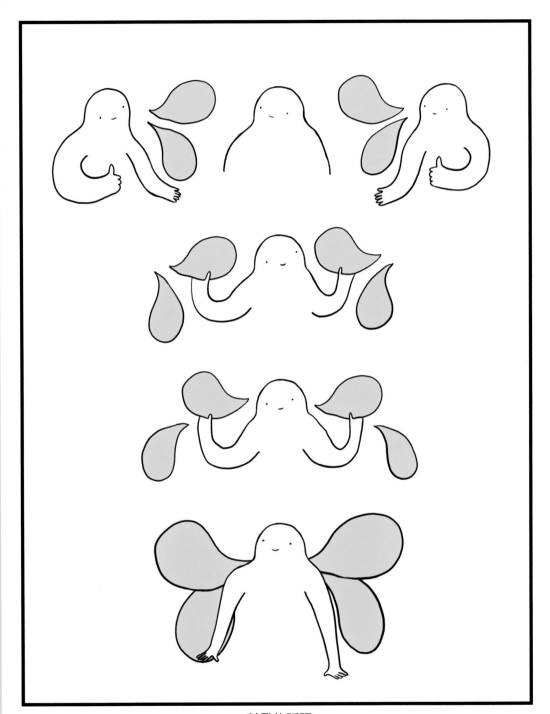

鼓勵的話語。

綻放。

一切都會
沒事的

我同意以上條款

切記閱讀細則。

起身

然後

綻放光芒

早安！

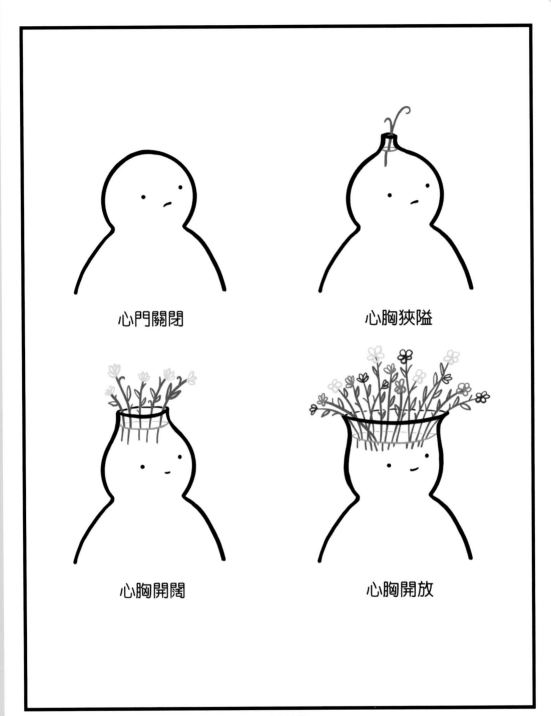

心門關閉

心胸狹隘

心胸開闊

心胸開放

心靈滿載。

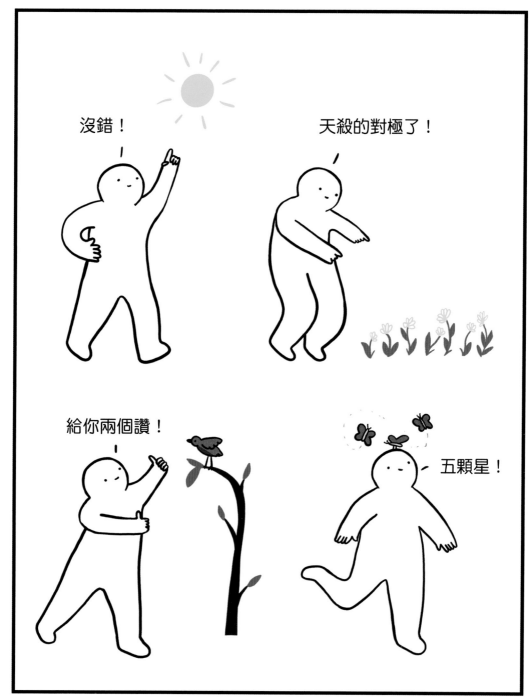

大地之母。

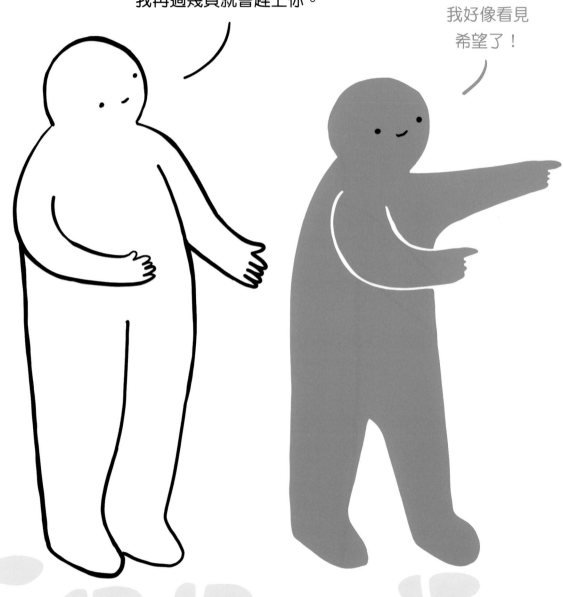

讀者……進入本書尾聲前，我必須告訴你
一件事。前方劇透警告——結局就在眼前了。

嗚。這樣直接跟你講話有種怪異的赤裸感，
但我需要讓你知道，我是真真切切、真誠地很高興
有你在這裡，讀這本書。每當想到你，嗯⋯⋯

我希望我這樣談及自己的憂慮，
能讓你更容易開口談談屬於你的憂慮？
我的意思是──若你願意這麼做的話。

若你像我一樣，曾經感到失去希望，
請記得希望或許就在前面不遠的地方。

呃，我覺得
我好像又要吐了。

噢，閉嘴吧，
憂憂！

讀者！我猜這就是我想說的：
這本書獻給你。

這本書獻給你

THIS BOOK IS FOR YOU. I HOPE YOU FIND IT HELPFUL SOMETIME.

願這份心意
陪伴你走過難關
祝，希望你偶
爾好一點

WORRY LINES

高寶書版集團
gobooks.com.tw

新視野 New Window 251
這本書獻給你：就算內心小劇場爆發也沒關係，希望你感覺好一點
This Book Is For You: I Hope You Find It Mildly Uplifting
作　　者　WORRY LINES
譯　　者　蕭季瑄
責任編輯　林子鈺
封面設計　林政嘉
內頁排版　賴姵均
企　　劃　鍾惠鈞

發 行 人　朱凱蕾
出　　版　英屬維京群島商高寶國際有限公司台灣分公司
　　　　　Global Group Holdings, Ltd.
地　　址　台北市內湖區洲子街 88 號 3 樓
網　　址　gobooks.com.tw
電　　話　(02) 27992788
電　　郵　readers@gobooks.com.tw（讀者服務部）
傳　　真　出版部　(02) 27990909　行銷部 (02) 27993088
郵政劃撥　19394552
戶　　名　英屬維京群島商高寶國際有限公司台灣分公司
發　　行　英屬維京群島商高寶國際有限公司台灣分公司
初版日期　2022 年 11 月

This translation published by arrangement with Ten Speed Press,
an imprint of Random House, a division of Penguin Random
House LLC

國家圖書館出版品預行編目（CIP）資料

這本書獻給你：就算內心小劇場爆發也沒關係，希望你感覺
好一點 /WORRY LINES 著；蕭季瑄譯 . -- 初版 . -- 臺北市：
英屬維京群島商高寶國際有限公司臺灣分公司, 2022.11

　　面；　公分 . -- (新視野 251)

譯自：This Book Is For You : I Hope You Find It Mildly
Uplifting.

ISBN 978-986-506-572-0 (平裝)

1. 情緒管理　2. 生活指導　3. 繪本

176.52　　　　　　　　　　　　　　　　　111017297

全書完囉！

終於！
我們要怎麼離開？

追蹤 WORRY LINES
@WORRY__LINES